les petites histoires de Thaive Nkenko

Pourquoi la mort, si Dieu existe?

Table des matières.

Chapitre 1

Chapitre 1

la mort détruit tout sur son chemin.

1- Thelma

Je m'appelle Thelma, plutôt ce qu'il reste de Thelma.

Je vis actuellement en France…

Je suis mariée, et j'ai une fille, Gabrielle.

Je ne sais même pas pourquoi je vous écris ces mots, peut-être parce que je me sens seule.

Il y a quelques années, je parlais souvent avec ma jumelle, Abigaëlle, malheureusement elle m'a quitté, et depuis ce jour je ne sais même pas ce que je fais encore dans ce monde.

Je ne sais même pas comment j'ai atterri en France, comment je me suis mariée… en fait, je n'en sais plus rien.

Je suis fatiguée de ma solitude. Le pire dans tout ça, je ne veux pas être entourée de gens.

Je veux être seule…

Est-ce que ça vous arrive de vous dire « à quoi

bon vivre ? »

Malheureusement, je me suis beaucoup interrogée

sur ce sujet !

– Comment dois-je faire pour rejoindre ma

sœur ?

– Dans quelle dimension est-elle ?

– Quand on meurt trop tôt, où va-t-on ?

– Est-ce que j'ai le droit d'aller la récupérer ?

Je sais à quoi vous pensez en ce moment, je ne

suis pas folle.

Je cherche juste une explication à cette mort

soudaine.

Mais en vérité, je suis très malheureuse. Comment

a-t-elle pu me laisser toute seule ici,

dans ce monde qui ne me correspond plus.

Elle était toute ma vie, mais un accident idiot

lui a pris la vie, me laissant en deuil depuis

déjà huit ans.

Beaucoup me disent qu'il est temps d'avancer.

Que je ne peux pas continuer ainsi ! Ils ont

probablement raison, mais c'est impossible. Je

me sens comme dans une prison, entourée de

personnes qui ne comprennent pas ma douleur.

Est-ce que je suis déprimée ?? C'est fort probable. Ma
dépression s'appelle « dépression

souriante ».

Un statut dans lequel on a l'air heureux à l'extérieur,

alors que l'on est profondément en souffrance en
interne.

Vous savez « sourire » ne veut pas toujours

dire que tout va bien.

La dépression peut facilement

être masquée par un sourire ou une attitude

apparemment normale.

« Abigaëlle, où es-tu ? »

« Est-ce que tu m'entends ? »

Abigaëlle, c'est ma sœur, morte dans un accident de la route.

Le jour de sa mort, j'étais avec un ami au cinéma, nous regardions *Schindler List*. Est-ce que vous connaissez ce film ? Quand je pense à ce film, instantanément et inévitablement, je pense à elle. Bizarrement dans le film, il y avait plusieurs morts. Au moment où je le regardais, ma sœur était en train de mourir.

Ce film reste pour moi le film que je déteste le plus au monde, et pourtant, c'est le plus beau film du monde.

Je me souviens très bien de ce jour…

En sortant du cinéma, d'un coup, j'ai eu des nausées… un mal de ventre insupportable.

Je suis arrivée chez moi à 20 h 30, mes parents étaient sur le balcon, un verre de vin à la main.

Je les ai salués avant d'entrer dans ma

chambre. Le lit d'Abigaëlle était vide. J'ai pris

mon téléphone, je l'ai appelée, mais rien, le téléphone

a sonné et elle n'a pas répondu.

J'ai supposé qu'elle était en route pour la maison.

Je me suis lavée, j'ai enfilé mon pyjama, mis

mes écouteurs sur les oreilles je me suis allongée.

Ça été la dernière chose normale que j'ai faite,

parce que depuis ce jour-là… ma vie a changé.

J'ai entendu ma mère hurler ! Quand je vous

dis hurler, c'était vraiment un hurlement de

bête sauvage. Je n'ai même pas imaginé ce

qu'il pouvait se passer, je me suis précipitée

au salon. Mon père, au téléphone, les larmes

aux yeux… Ma mère, presque un zombi… Elle

m'a fixée, et m'a dit :

— Viens, ma chérie.

— Je ne comprends pas, maman. C'est quoi le

problème ?

— Ta sœur est…

— Oui, quoi ?

— Elle a eu un accident…

— Quel accident ? Où est-elle maintenant ?

Quel hôpital, maman, on n'y va pas ?

— Thelma…

— Arrête, maman, ne dis pas ce mot, je t'interdis

de prononcer ce mot.

Je me suis assise sur le canapé, je sentais des

vertiges… Je savais que ma sœur était partie

pour de bon.

Je n'avais pas de larmes, j'étais glaciale, j'étais

aussi morte ce jour-là.

Mes parents sont allés à la morgue, et je suis

restée avec mon tonton et mon frère.

Personne ne parlait, on pouvait entendre une

mouche voler tellement le silence était absolu.

Le lendemain, je suis allée voir ma sœur.

La chose la plus horrible qui existe sur terre,

c'est de voir sa sœur allongée sur cette table

dure comme la pierre, les yeux fermés, mais

qui donnait la sensation de se reposer. Elle

était pâle, très pâle. J'ai sorti le fond de teint

de mon sac, et je l'ai donné à cette dame qui

devait la maquiller. Elle me fixait avec pitié et

je détestais ça.

— Ce n'est pas moi qui dois vous faire pitié,

mais c'est elle, ma sœur qui ne respire plus.

J'ai donné les produits de maquillage à la

dame. J'ai supposé qu'elle était docteur, ou ce

genre de docteur qui coupe en deux les

corps humains.

Je lui ai donné mon fond de teint.

— Vous pouvez, s'il vous plaît, lui mettre ça,

parce que c'était son fond de teint préféré.

Ça été la dernière fois que je l'ai vue.

Voilà, je n'ai plus revu Abigaëlle, je n'ai plus entendu la voix d'Abigaëlle, je n'ai plus mangé avec Abigaëlle, je n'ai plus dormi avec Abigaëlle, je n'ai plus rien fait avec ma sœur.

Tout a été fini ce jour-là, et depuis ce jour, je n'ai plus pleuré. Je ne pleure plus, je ne souris plus, je ne rigole plus. Je peux rigoler ou sourire, mais souvent, je le fais seulement pour ne pas être différente des autres. J'essaie de montrer aux autres que je suis forte et que j'ai accepté la chose. C'est plus pour ma mère, pour éviter de la voir de nouveau plus bas que terre. Pour mon père et mon frère.

Trois ans après je suis tombée enceinte de mon fiancé. Ne me demandez pas si je suis amoureuse de cette personne parce que je ne sais pas. Alors pourquoi suis-je avec cette personne ?

Je ne sais pas. Est-ce que c'est la vie

que je voulais ? Je ne sais pas et je ne sais plus.

Je cherchais quelqu'un qui pouvait remplir ce

vide de ma sœur, Alex était là.

Alex et moi : l'histoire a commencé

un an après la mort d'Abigaëlle. Sincèrement,

je vous dis que je ne sais même pas comment

tout ça a commencé…

Après la mort d'Abigaëlle, tout était flou dans

ma tête. Je cherchais à mourir sans passer par

le suicide. Alors, j'ai commencé à boire de l'alcool

jusqu'à me faire vomir, je voulais que ça

me tue. Je ne dormais presque plus chez moi…

Je dormais à droite, à gauche, chez des amis.

Six mois après, l'alcool ne m'a toujours pas

tuée, et pourtant j'ai exagéré : chaque jour,

j'étais ivre.

Pour faire la chose plus rapidement, j'ai commencé

à me droguer avec des pilules. Ne me
demandez pas ce que c'était, parce que je n'en
ai aucune idée. Tout ce que je voulais, c'est
partir rejoindre Abigaëlle dans la douceur.
Est-ce que je pensais aux conséquences de
mes actes ? Pas du tout. J'avais créé mon univers,
ou la seule chose qui comptait, c'était de
mourir.

Un jour, j'ai rencontré Alex, un garçon de
bonne famille, intelligent, beau, et même très
beau.

En sortant d'une boîte de nuit… Il m'a aperçue
en train de vomir, ivre… totalement ivre. Il
s'est approché de moi, et m'a demandé si
j'avais besoin d'aide. Je me suis retournée et
j'ai rigolé. Je l'ai pris dans mes bras et là, j'ai
pleuré comme un bébé. J'avais mal, mal dans
ma conscience. Je me suis demandé ce que

j'étais en train de faire. Je me suis assise par terre, et Alex aussi s'est assis. Pourquoi il était assis là ? Pourquoi il me fixait ? C'est sûr que j'étais devenue très moche, à force de vider des bouteilles d'alcool.

— Qui êtes-vous ? lui ai-je demandé.

— Je m'appelle Alex.

— O.K., Alex, merci pour votre présence, mais vous pouvez partir.

— Tu ne me reconnais pas, Thelma ?

— Non, et je veux juste rentrer chez moi.

Alex dit que nous étions voisins quand nous étions enfants. Alors là, je ne me souviens pas du tout de lui. Il m'a proposé de m'accompagner chez moi. Ensuite, c'est le trou noir...

Le lendemain, je me suis réveillée chez moi. J'ai cru rêver : au sol, sur un matelas, j'ai vu Alex qui dormait.

« C'est quoi ce délire, ce type m'a ramenée chez moi ? »

Je me suis lavée, je me suis habillée et j'ai réveillé Alex.

— On y va, je n'habite plus ici.

Ma mère est sortie de la cuisine, m'a proposé de prendre le petit déjeuner.

— Sérieux, je ne te vois pas pendant six mois, tu ne me cries pas dessus, mais tu me proposes de manger avec toi.

— Je n'ai pas faim.

— S'il te plaît.

— Juste 10 minutes.

Et ces 10 minutes se sont transformées en mois et en années. Jusqu'au jour où je suis tombée enceinte d'Alex. Nous nous sommes mariés et nous avons une merveilleuse petite fille.

Mais je n'arrive toujours pas à faire mon deuil.

Que dois-je faire ? Comment fait-on pour passer
à d'autres choses ? Comment fait-on pour
être de nouveau heureux ?

Pourquoi Dieu a-t-il permis tout ceci ? Pourquoi
la mort ? C'est une question que nous
nous sommes tous posée au moins une fois
dans la vie. La mort représente un mystère
impossible à saisir de manière rationnelle et
par conséquent une chose dont il faut avoir
peur. Nous avons tendance à avoir peur de
l'inconnu. Selon des dires, après la mort, il y a
une paix profonde, ce n'est ni bon ni mauvais.
Du coup, la théorie comme quoi nous allons au
paradis est-elle fausse ?

Jusqu'à aujourd'hui, je me pose les mêmes
questions.

Où est Dieu quand tout ceci se passe ?

Il n'y a pas que la mort des innocents, comme

ma sœur qui n'avait rien fait de mal.

Il ya aussi la guerre, la famine, les maladies.
Franchement,

j'ai essayé de faire des calculs de tous ces morts ces
dernières années. Tremblement

de terre en Inde ! 10 000 morts ! Des milliers

de morts d'une inondation au Bangladesh,

les attaques terroristes sur les tours

du World Trade Center à New York. On veut

aussi parler du génocide au Kivu en République

démocratique du Congo (RDC). Un génocide

qui a fait au moins 5 millions de morts.

Oui, oui, vous avez bien lu, génocide !

En 2019 ? Bien sûr ! Petite définition sur le génocide: en
fait, c'est l'extermination d'un

groupe de personnes appartenant à un même

groupe social, religieux, ou à un pays, à une

ethnie… En bref, c'est du massacre.

En fait, je ne comprends pas les hommes,

pourquoi continuent-ils à faire les mêmes

erreurs que par le passé ? Normalement, les

erreurs existent pour que les hommes apprennent

à ne plus les commettre plus tard. Moi, en

tout cas, c'est ce que j'apprends à mon enfant.

« Tu t'es trompé ? Tu as fait une bêtise ? Ce

n'est pas grave, la prochaine fois, tu seras

averti et tu ne feras pas la même bêtise. »

Mais pourquoi l'homme ne comprend-il pas ?

Ces affaires de génocide ont commencé il y

a très longtemps.

Avons-nous déjà oublié le génocide aborigène…

celui du peuple juif, celui du Rwanda,

ou encore les 1,8 million d'Arméniens durant

la Première Guerre mondiale ? Et j'en passe.

La vraie question c'est : pourquoi un être humain

tue-t-il un autre être humain ?

La guerre en Syrie compte au moins
300 000 morts. Plus de 30 000 morts pendant
la guerre civile du Congo-Brazzaville. Des
morts pendant les Première et Deuxième
Guerres mondiales. Le camp de concentration
d'Auschwitz aussi a fait de nombreux morts.
Et l'esclavage…

Je suis épuisée à force de penser.

Alors je reviens sur ma question. Pourquoi
Dieu a-t-il permis ceci ? Pourquoi la mort ?
Sans compter des enfants qui meurent dans
les conditions atroces, du cancer, du diabète,
des guerres.

J'aimerais avoir des réponses à mes questions,
mais je sais aussi que je ne vais pas avoir de
réponses parce que personne ne sait où nous
allons après la mort.

Parfois, je me sens soulagée que ma sœur n'ait

pas trop souffert pendant sa mort. Parce que

quand je pense à tous ces crimes contre l'humanité,

franchement, j'ai parfois les larmes

aux yeux.

Je ne sais pas trop ce qui va m'arriver aujourd'hui.

Pour l'amour de ma fille, je ferai

tout pour rester en vie et peut-être laisser ma

sœur s'en aller, parce que je ressens encore sa

présence… Du coup, j'ai déduit que si elle est

là, plutôt son esprit, c'est parce que mon cœur

ne veut toujours pas accepter sa mort. Je dois

la laisser s'en aller…

2 – L'accident

Je m'appelle Abigaëlle.

Je suis née en décembre 1990, et je suis morte

en 2008 dans un accident de voiture.

Quelques secondes après l'accident, je me suis

vue flotter pas loin de mon corps, dans une réalité

parallèle. Une lumière intense me dirigeait

vers le ciel, j'avais froid et autour de moi

tout n'était que brouillard. Je refuse de monter

au ciel, pas maintenant, je dois voir pour la

dernière fois ma famille. Tout ce que je voulais,

c'est que le temps puisse reculer d'une

journée pour pouvoir rentrer chez moi.

Je me sentais observée, j'ai commencé à trembler,

j'ignorais si c'était de froid ou de peur.

Quelques instants plus tard, une lumière très

vive s'est rapprochée de moi, suivie d'un vent très fort. J'ai enfin réalisé que la lumière était pour moi et que, probablement, elle allait m'aspirer. J'ai commencé à courir dans cette espèce d'espace, en criant que je devais dire adieu à ma famille. Soudain, la lumière a disparu et je me suis retrouvée de nouveau sur le lieu de l'accident. J'ai commencé à penser à ma sœur.

Je désire de tout mon cœur la revoir une dernière fois. Aussitôt pensé, je me suis retrouvée au salon de ma maison. Un ange est apparu et m'a expliqué qu'il était mon guide et qu'il allait m'accompagner tout au long de mon voyage.

J'ai dit :

— Quel voyage ?

— Vous allez voyager dans l'espace-temps,

pour que vous réalisiez que l'amour existe,

malgré les difficultés de ce monde.

Il a disparu comme il était apparu.

Comme vous avez bien compris, j'ai une sœur

jumelle qui s'appelle Thelma. Ma sœur et moi

sommes nées à Brazzaville. On avait une très

grande maison, on vivait tous ensemble avec

mes onze cousins, c'était absolument magnifique.

Ma mère était une femme très belle, tellement

belle, que dans le quartier, on l'appelait

« sirène ». On dit souvent que les sirènes

sont des créatures très belles et avec un

charme qui aveuglerait n'importe qui. Ma

grand-mère travaillait chez Total, la compagnie

pétrolière.

On n'était pas riches, mais on vivait très bien.

Notre père vivait déjà en Europe, plus précisément

en Suisse, il se battait pour nous faire venir

en Europe. En Suisse, avoir un titre de séjour n'est pas chose facile, alors pour ne pas perdre trop de temps, il a immigré en Italie où il a réussi à avoir enfin une carte de séjour.

Pour qui ne sait pas ce qu'est une carte de séjour, c'est une carte que l'on donne aux immigrants pour pouvoir s'installer sans-souci à l'endroit choisi.

Beaucoup en Europe croient que les Africains ont plaisir à laisser leur continent, leur pays pour venir envahir ceux qui ont grandi et qui vivent ici.

Je vous rappelle juste que l'on n'abandonne pas notre pays ni notre continent parce que ça nous fait plaisir, mais c'est tout simplement une question de survie.

Je suis du Congo, et le Congo n'a pas connu que des bons moments : actuellement, il y a une forte crise économique, tandis que notre

pays est riche en pétrole. Le Congo a connu

des guerres civiles, la guerre civile du Congo-

Brazzaville a duré de juin 1997 à décembre

1999.

Alors, croyez-moi, la guerre ce n'est pas un

jeu.

Je me souviens encore quand ma mère

m'avait raconté l'histoire de sa cousine Claude

morte pendant la guerre de 1998, à l'âge de

12 ans. C'était le mois de décembre, sa cousine

et elle étaient à l'église comme chaque dimanche.

Pendant les prières, Claude a demandé

juste une chose : que Dieu aide

l'Afrique. Elle avait confiance en Dieu, elle disait

toujours que même si l'Afrique meurt de

douleur chaque jour, on ne doit jamais perdre

confiance. Pendant la messe, elles ont entendu

des coups de feu ; le prêtre les a emmenées au sous-sol.

« C'était horrible, je n'ai jamais eu autant peur de toute ma vie », disait ma mère.

Trois heures plus tard, elles sont sorties de là, Claude et ma mère se sont dirigées vers la maison. Sur le chemin, tout était horrible, les maisons étaient détruites, les voitures cabossées, il y avait des morts sur les routes, on entendait des cris et des pleurs. Arrivées devant la maison, des policiers les ont empêchées d'entrer. Claude les a suppliés de les laisser entrer parce qu'à l'intérieur se trouvait leur grand-mère. Avec leurs armes à la main, ils se croyaient puissants et ils ne voulaient pas les laisser faire. Claude a sorti son chapelet, qui était dans sa bible, et a commencé à prier. Elle a posé son regard sur le policier et a dit :

« Dieu, pardonne-les parce qu'ils ne savent

pas ce qu'ils font. »

Un des policiers lui a donné un coup au visage.

Les larmes aux yeux, elle a dit : « ce n'est pas à

vous de décider qui va mourir et qui va

vivre. »

Elle n'avait pas peur. Le policier l'a poussée,

elle est tombée, et là, un des policiers a pointé

son pistolet sur le visage de ma mère, et au

moment où il allait presser la détente, Claude

s'est relevée, et l'a poussée pour la protéger.

Malheureusement, la balle qui était destinée à

ma mère l'a tuée. Voilà, une vie perdue, pour

des conneries comme la guerre. Avant de

s'éteindre, Claude a dit une chose très importante

à ma mère : « Rappelle-toi de ne jamais

détester personne dans la vie, et de ne jamais

avoir de préjugés. »

Ce furent ses derniers mots.

Quand j'avais 5 ans, j'ai vécu une guerre civile dans mon pays, au Congo. Cette guerre m'a fait prendre conscience de la vie. Malgré mes 5 ans, j'avais compris les réalités du monde, comme les êtres humains pouvaient être cruels. Je n'étais plus cette gamine qui jouait à la poupée et qui adorait écouter des histoires de sa grand-mère avant de dormir, parce que pour moi, la vie était devenue comme un cauchemar. Je voulais à tout prix comprendre pourquoi le monde était ainsi.

Quand tu vis en Europe, en Amérique où la paix règne, jamais tu ne pourras comprendre ce que ça veut dire vivre la guerre, surtout si tu as à peine 5 ans.

Une fois, j'ai demandé à mes amis ce qu'ils pensaient de la guerre. Chacun a dit : « C'est horrible, c'est cruel ou ça fait peur. »

Mais personne ne dit :

« Où est Dieu ? »

C'est ce que les enfants en Afrique se demandent.

La vie d'un enfant n'est pas faite pour voir des

cadavres dans les rues, voir massacrer sa

propre famille, voir ses amis devenir des soldats

comme s'ils étaient des machines télécommandées.

Des gamins de moins de 10 ans

qui tuent d'autres êtres humains. Je n'arrive

même pas à imaginer leur état d'âme. Et des

femmes sont souvent violées. Dans certains

pays d'Afrique, la vie est très dure. Parfois, on

se demande même pourquoi on est nés si on

doit souffrir.

Je me demande si ceux qui provoquent la

guerre sont nés avec un cœur. Ce qui est sûr,

c'est que Dieu a créé chaque personne avec la

capacité de distinguer le bien du mal. Il a donné une conscience à chacun.

La guerre provoque la famine. Et ceux qui souffrent, ce sont les habitants. Quand je pense qu'il y a encore aujourd'hui des gens qui meurent de faim ! Surtout dans certains pays d'Afrique.

2 – Pour la petite histoire

Pour ceux qui ne connaissent pas Brazzaville, c'est la capitale de la République du Congo. Elle se situe dans le sud du Congo, sur les rives du fleuve Congo, en face de Kinshasa, capitale de la République démocratique du Congo. Ces deux villes sont les capitales les plus proches au monde à raison d'une distance de 5 à 6 kilomètres seulement (hormis Rome et le Vatican). La taille des deux capitales est cependant bien différente : Kinshasa a une population environ trois fois plus importante

que celle de la République du Congo tout

entière. Brazzaville est composée de 9 arrondissements

: Makélékélé, Bacongo, Poto-

Poto, Moungali, Ouenzé, Talangaï, Mfilou, Madibou

et Djiri.

En face de Brazzaville, sur la rive gauche du

fleuve, se situe Kinshasa (l'ancienne Léopoldville),

capitale de la République démocratique

du Congo. Pour bien différencier les deux pays

ayant « Congo » dans leur nom, on appelle

parfois la République du Congo « CongoBrazzaville»
par opposition à « Congo-

Kinshasa », la République démocratique du

Congo, qui s'appelait « Zaïre » de 1971 à 1999.

L'histoire du Congo remonte au

royaume Kongo fondé par Néné MINILOUKENI.

Les Pygmées furent les premiers habitants du

Congo. Le pays a ensuite été touché par la grande migration des Bantous.

En 1875, Pierre Savorgnan de Brazza entreprit son premier voyage. Il atteignit le Congo en 1879.

En 1880, il passa un traité de protectorat avec le souverain Téké, le roi Makoko.

En 1880, Savorgnan de Brazza fonda le poste de MFoa qui devint plus tard Brazzaville.

En 1883, le lieutenant Cordier fonda à son tour Pointe-Noire, qui est la deuxième ville de la République du Congo.

C'est le 15 août 1960 que le Congo a pris son indépendance.

La République du Congo vit de ses ressources: pétrole, bois, minerais divers...

Les langues parlées sont le français – la langue officielle – et les langues bantoues : lingala

et kituba, le mbochi, les langues téké et de
nombreuses autres langues.

Je me suis toujours demandé pourquoi
l'Afrique était aussi pauvre.

Et pourtant l'Afrique est riche et je peux aussi
me permettre de dire qu'elle est l'un des continents
les plus riches du monde, avec tout ce
qu'elle possède : les diamants, le pétrole, l'or,
et beaucoup d'autres ressources naturelles.

J'ai l'impression que l'Afrique est le continent
maudit par Satan, et béni par Dieu. C'est dur
de comprendre mes paroles surtout si vous
n'avez pas vécu là-bas.

Je voudrais que vous vous posiez une question.

D'où viennent le pétrole, l'or, les diamants ?

Mais pourquoi dans les pays où toutes les ressources
citées se trouvent en abondance la population
meurt-elle de faim ? Il y a de tout

dans le monde pour satisfaire les besoins des hommes. C'est insensé que des gens meurent encore de faim aujourd'hui.

Certaines choses se passent dans le monde et nous les ignorons. Par exemple, pourquoi les médias ne parlent-ils pas souvent des 20 millions de personnes qui vivent dans la famine dans certains pays comme le Soudan du Sud, la Somalie, le Yémen, le Nigeria, etc. ?

Ce qui me choque, c'est qu'on dit souvent que la famine est due aux climats, ou à la pénurie d'eau.

Arrêtons de nous voiler la face, la famine est causée par : des riches qui ont besoin des pauvres pour rester riches, par des guerres civiles et de la corruption.

Qui suis-je, pour mériter une belle vie, et l'autre rien ?

La population africaine manque de joie de vivre et de communication. Ce que je désire de plus au monde, c'est que la paix se construise dans les cœurs de chaque personne. C'est bien beau de donner un sens à sa vie, mais on doit aussi penser aux autres. J'adore vivre avec des gens qui ont des cultures différentes de la mienne. Dans le monde, il y a plusieurs façons de vivre. Nous devons apprendre à ne pas mettre des barrières entre nous et il y aura une vraie paix.

Où est le droit de l'homme ?

Où est le droit fondamental ?

Je voulais juste que les gens se rappellent qu'en 1948, pour créer la paix dans le monde, je dis bien dans le monde entier, l'Organisation des Nations unies (ONU) a écrit la Déclaration des droits fondamentaux sur tous les êtres humains. Si cette déclaration se référait

à tous les êtres humains sur terre, alors pourquoi

l'Afrique souffre-t-elle encore pour des

choses qui n'ont aucun sens ?

J'espère seulement que la faim dans le monde

prendra fin un jour.

Je suis convaincue qu'il y a certaines personnes

qui veulent que l'Afrique reste dans le

sous-développement pour développer l'Occident

et cela dure depuis le XIIIe siècle avec l'esclavage.

Comment peut-on se développer avec

des dettes mensongères ? Si l'Afrique possédait

la maîtrise de ses ressources minières

et forestières, l'Occident s'affaiblirait inévitablement.

On dit que l'Occident aide les pays

d'Afrique… Mais à quel moment ? Que peut

donner l'Occident au continent le plus riche au

monde ? Laissons croire que l'Afrique est

pauvre et qu'elle ne survit que grâce à la charité

occidentale. L'Afrique n'est pas pauvre,

mais on l'appauvrit. Pourquoi rester dans un

pays où l'on sait que son futur se trouve dans

un cercueil ? Pourquoi ne pas donner la

chance à des enfants de vivre en paix ?

C'est pour cela que mon père a lutté pour que

ma famille vive en paix en Europe, où il ne

risque pas d'y avoir de guerre – enfin, je l'espère! Vous
allez aussi le juger pour ça, de vouloir

un futur de paix pour ses enfants ? Si vous

avez un peu d'humanité, ne jugez point. S'il

vous plaît, ne critiquez pas ceux qui luttent

pour survivre.

Je suis du genre qui dit souvent :

« Nous sommes tous venus au monde pour

vivre sereinement. »

Je ne comprends pas pourquoi les immigrés

sont fréquemment vus de mauvais œil. Enfin

bref…

À l'âge de 6 ans, moi et ma sœur avons immigré

en Italie pour rejoindre notre père. Dans

les années 90, tout était différent, il n'y avait

pas la crise économique d'aujourd'hui.

Il faut aussi dire qu'il n'y avait pas l'Union européenne.

On était très contentes d'être finalement en famille,

même si notre mamie nous manquait

énormément.

Je me souviens encore quand nous avons commencé

le CP, on s'habillait toujours de la

même façon.

Elle était ma moitié, ma meilleure frangine,

mon âme, ma vie.

Chaque soir, on se disait : « Tu es mon miroir

pour la vie. »

On était tellement complices que lorsque je

tombais malade, aussitôt, elle tombait malade.

La seule chose qui nous distinguait étai le

grain de beauté énorme que j'avais sur le

front.

On n'a jamais été dans la même

classe, on était tellement semblables que la

maîtresse n'arrivait pas à nous distinguer

surtout quand je mettais du fond de teint sur

mon grain de beauté.

Thelma et moi étions des alliées, on s'aimait

tellement qu'on disait qu'on n'allait jamais se

séparer.

On faisait tout ensemble, même nos voyages,

nous les avons faits ensemble : le Maroc, l'Albanie,

l'Espagne, l'Allemagne, la France, la

Grèce.

Et on rêvait de visiter l'Amérique, c'était notre

prochaine destination.

On travaillait chaque week-end comme serveuses
dans une pizzeria pour préparer notre
séjour, à Las Vegas.

On était très contentes à l'idée de voyager
dans un univers inconnu et plein de lumière.

Nous avions décidé de voyager ensemble avec
notre copine, notre très tendre Floriane.

Floriane est une jeune fille très belle, d'origine
albanaise, très polie et très simple. En effet,
j'aime les gens qui aiment la simplicité et les
valeurs humaines.

Nous étions devenues les 3 mousquetaires.

Avec tous ces souvenirs passés ensemble, ma
sœur n'arrive pas à faire son deuil.

Je la comprends, elle n'est pas heureuse.

Elle croit toujours que je suis vivante, en fait
elle sait que je suis morte, mais elle refuse de
l'accepter.

Parfois, je crois qu'elle attend juste sa mort pour pouvoir me rejoindre. Je veux qu'elle vive, qu'elle profite de cette vie merveilleuse que Dieu lui a donnée, qu'elle réalise enfin que je ne suis pas malheureuse dans l'endroit où je me trouve, que je vis encore en elle. Mais Dieu avait un projet spécial pour moi.

Dites-moi, s'il vous plaît, comment lui faire comprendre que même si mon corps n'est plus là, mon esprit vit encore en elle, en ma mère, en mon père, en mon frère.

Elle continue à pleurer chaque soir, je la vois, et mon cœur est triste, elle trouve que ce monde ressemble à l'enfer. Chaque jour, je suis près d'elle au nom de l'amour qui nous réunit.

Ma sœur est une créature merveilleuse qui avait toujours le sourire et cette envie de vivre s'est éteinte.

Elle n'a plus de pétrole dans sa lampe, elle reste dans le noir. Elle refuse à tout prix d'en sortir, elle refuse de voir la réalité en face. Elle était la lumière en personne.

Je suis morte le 16 décembre 2008, huit jours après notre anniversaire. Comment la consoler? Je sais qu'elle a besoin de moi, mais quand quelqu'un décide de ne plus donner un sens à sa vie, alors le boulot devient plus dur.

Ma mort a créé beaucoup de dégâts, et j'avoue que je ne l'ai pas vue venir.

Je suis vraiment désolée de ce qu'il se passe, tout ce que je leur souhaite, c'est qu'ils soient heureux.

Mais comment leur faire comprendre que je suis encore là pour eux !

Comment leur faire comprendre que la vie

n'est pas finie pour eux ni pour moi d'ailleurs ?

La vie est tellement belle, j'avoue qu'il y a des

moments où on voudrait se tirer une balle,

mais même le malheur, la tristesse, le chagrin

font partie de la vie.

Des fois, on voudrait disparaître ou ne pas

souffrir, mais attendez : si la vie est toujours

rose, alors quel sens peut-on donner à la vie

elle-même ?

La vie est faite ainsi, on n'a pas demandé à venir

au monde, donc on ne demandera jamais

non plus de ne pas mourir.

J'ai aimé la vie, mais malheureusement Dieu a

voulu que je sois près de lui.

C'est à l'âge de 10 ans que j'ai pu réaliser comment

fonctionne le monde. Pour être

quelqu'un de bien dans ce monde, il faut juste

savoir une petite vérité, du genre « Ne jugez

point ». Quand j'étais toute petite, je jugeais un peu trop les gens.

Donc j'imagine que la plupart des gens qui ont peur des Noirs ont fait comme moi : juger sans connaître.

J'allais à l'église presque chaque dimanche avec ma famille, je connaissais les dix commandements, je les répétais chaque jour avant de dormir. Malgré mes connaissances de la religion et de Dieu, je n'avais pas conscience de ce que je disais et de ce que je répétais chaque jour. Dans la vie, il faut aller plus loin : les paroles volent, disparaissent, mais les actions restent.

À l'âge de 10 ans, j'avais une copine que je connaissais depuis l'âge de 6 ans, c'était une de mes meilleures copines. Un jour, elle me dit :

— Pour les vacances, j'irai voir mon grand-père
en Turquie.

Et là, je vous jure, tout est devenu très confus
dans ma tête, moi qui avais peur des
musulmans.

— Tu n'es pas musulmane ?

— Bien sûr ? Pourquoi ?

— Pas toi, s'il te plaît, tu es ma copine.

Je me souviens encore de son regard, il était
vide. Elle était très surprise de mes questions.

Et, tout à coup, tout ce que je pensais des musulmans
a été remis en question. Je connaissais
cette fille depuis plus de 4 ans, je dormais
chez elle de temps en temps pour des pyjamas-
parties. On était presque des sœurs. Je
connaissais sa famille comme je connais la
mienne.

— Que se passe-t-il ?

Elle me regardait, et moi, je la fixais intensément.

J'avais l'impression de découvrir Hasna

pour la première fois. Je me suis dit que

chaque personne était différente, peu importe

sa couleur de peau ou le fait qu'il croie à

un autre dieu que moi. On croit tous au même

dieu, mais c'est juste que chacun de nous lui

donne un nom différent.

Chaque fois que je voyais une femme voilée, je

secouais la tête, en regardant le mari. J'avais

une très mauvaise impression des hommes

musulmans. Pour moi, ils maltraitaient leurs

femmes, les obligeant à se voiler. C'était pire

quand je voyais une femme se voiler de la tête

aux pieds. Ma colère augmentait, « Pauvre

femme », je répétais dans ma tête.

Hasna est musulmane ? Je la connais depuis

toujours. J'ai réalisé la phrase que ma grande

mère me disait toujours : « Méfie-toi des apparences, souvent elles sont trompeuses. »

J'avoue que j'étais très jeune : à 10 ans, la plupart des enfants ne pensent pas à l'apparence des gens, ils pensent beaucoup plus, ce qui est normal, à la banalité de la jeunesse. J'avoue que c'est normal, je préfère mille fois qu'ils pensent à jouer plutôt que de penser à ce monde qui devient très malsain.

J'ai pris dans mes bras Hasna. Elle me dit :

— Pour être étrange, tu es étrange.

J'avoue que cette découverte avait changé ma vie, j'ai commencé à voir la vie autrement.

Jusqu'à aujourd'hui, j'ai toujours le cœur très léger, parce que je m'efforce toujours de ne pas juger les autres. Depuis ce jour, je n'ai jamais plus jugé personne. Noirs, blancs, rouges, bleus, je m'en balançais complètement.

Je suis convaincue qu'on croit tous en un seul Dieu, c'est juste que chacun lui donne un nom différent.

Je respecte tout le monde.

Ce même jour, je m'étais renseignée sur la vie des musulmans, sur leur religion, leur vision de la vie, sur le Coran… Vraiment, je me suis renseignée sur presque tout. Depuis ce jour, j'avais refusé d'être ignorante.

Dans chaque culture, il y a des gens bien, et des mauvais aussi. Il faut juste faire la part des choses.

Je crois beaucoup au destin, je ne crois pas que les choses se produisent dans un claquement de doigts, comme par enchantement.

Aujourd'hui tout ce que je souhaite, c'est de voir de nouveau le vrai sourire de ma sœur. Je me souviens encore quand elle était triste

ou en colère, elle s'enfermait dans la chambre
pour ne parler à personne. Quand je la voyais
ainsi, je lui achetais des montres disco, avec
toujours la même phrase : « Regarde l'horloge,
elle avance, mais jamais elle ne recule… La vie
est ainsi, ne te bloque pas sur toi-même. »
C'est pour cela que je croquais la vie à pleines
dents.

Même morte, je ne regrette rien parce que j'ai
vécu à fond ma vie : des voyages à gogo, des
parents fantastiques, une mère à croquer et
un petit frère tout simplement chou. Et une
sœur à qui je donnerais ma vie (dans une
autre vie peut-être).

De là-haut, je vois encore ces montres collées
sur les murs de sa chambre. Vingt-six exactement.
Je crois qu'elle vit dans la peur, dans la méchanceté
des êtres humains. En la voyant, on a

l'impression qu'elle est toujours joyeuse, contente…

Mais attention, les apparences sont

très trompeuses. Malgré toute la souffrance

qu'elle porte en elle, comme des sacs de

pommes de terre, ma sœur souffre aussi du

racisme.

Probablement, elle devrait apprendre à les

ignorer. Il y a encore des gens qui se permettent

encore de dire :

« Repars chez toi ! » ou encore « J'en

ai marre des immigrants ».

C'est où chez moi ?

Je suis un être humain, chez moi, c'est le

monde. Le monde appartient à tout le monde.

L'Afrique, l'Asie, l'Europe, le monde appartient

à tous les êtres humains.

Le passé, le présent se ressemblent toujours,

et se ressembleront toujours tant que l'être

humain ne changera pas. Normalement le but de la vie, c'est apprendre de ses erreurs, tant que nous nous déchirons entre nous, rien ne changera.

Il n'y a pas d'avancées dans le monde, à part dans les domaines technologiques. L'homme est toujours aussi égoïste, et ne voit pas plus loin que son nez.

Tout ce qui change dans le monde, c'est le climat. Ma sœur répète souvent que cette vie est un enfer. Tout ce que je voudrais lui dire, c'est que : « L'horloge tourne, la vie avance. Avance, toi aussi ! La douleur existe, les mauvaises personnes existent, le racisme existe, mais surtout les bonnes personnes existent. Vis le côté positif de la vie. »

Je vois qu'elle fait des efforts énormes.

Je ne vois pas pourquoi la vie nous a séparées.

Nous étions une bonne équipe, la vie était

meilleure.

Je suis désolée que, par ma faute, elle croie

que sa vie ne vaut plus rien. J'aimerais lui dire

que la vie, elle vaut la peine de la vivre.

Chaque jour, je suis près d'elle grâce à l'amour

qui nous réunit.

Je me souviens encore le jour de ma mort.

J'avais rendez-vous avec mon copain dans un

restaurant pour fêter notre première année

ensemble. J'étais contente, j'avais hâte d'être

là-bas, surtout parce que j'avais décidé de passer

à l'acte, vous voyez ce que je veux dire.

J'avoue que ce jour-là, j'étais très belle, ma

sœur m'avait maquillée, et avait choisi mes vêtements,

plutôt ses vêtements à elle. Mon armoire

était plutôt triste, j'étais un peu un garçon

manqué. Ma sœur, elle, était très sexy,

féminine comme personne. Quand elle mettait des petites robes, elle se chamaillait toujours avec mon père.

Elle disait : « Calme-toi, papa, à 30 ans, je ne pourrai plus les mettre. On ne juge pas quelqu'un par sa tenue. Même la femme plus sérieuse au monde met des mini-jupes. »

Elle aimait la liberté. Elle disait souvent :

— Imagine, Abigaël, si je meurs aujourd'hui, au moins j'aurais bien vécu.

Et qui pensait que je serais la première à partir?

Bizarrement, elle ne voulait pas que j'aille au restaurant, mais elle souhaitait que j'aille au cinéma avec elle pour regarder *Schindler List*, un film très touchant et dramatique.

J'avais promis à ma sœur qu'on irait voir le film le vendredi, une promesse que jamais je ne pourrai honorer.

Ce jour-là, avant de partir, elle m'a embrassé

tellement fort que j'ai fini par lui dire :

— N'exagère pas, c'est juste un dîner.

Qui pouvait imaginer que ce dîner allait être

mon dernier ?!

Moi qui imaginais déjà le jour de mon mariage,

le prénom de ma future fille...

Tout s'est passé rapidement. Selon les médecins,

mon corps a quitté la terre, juste en

quelques secondes.

Ma sœur, plutôt ma famille, a appris ma mort

par téléphone. J'imagine l'horreur de la nouvelle.

Je donnerais ma vie, si je peux encore le dire,

pour que ma sœur ne puisse pas voir mon

corps allongé dans cette salle obscure. Je

n'étais pas belle à voir, c'est vrai que je n'avais

pas tendance à me maquiller, mais ce jour-là,

j'aurais bien voulu avoir un peu de gloss sur

les lèvres.

Je me souviens le visage inexpressif qu'elle avait quand elle m'a vue allongée sur cette table dure. La première chose qu'elle a faite, c'est essuyer mon visage ensanglanté. Elle dit au docteur : « S'il vous plaît, vous pouvez bien la maquiller après ? Mettez-lui ce fond de teint. » Elle a sorti le fond de teint de son sac, l'a donné au médecin. « Elle adore le parfait de ce fond de teint », s'est-elle exclamée.

Depuis ce jour, ma famille n'a plus rigolé, ma famille n'a plus pleuré, ma famille était morte avec moi.

Apparemment, je n'ai pas souffert !

Il rigole ou quoi ? Comment peut-on dire que je n'ai pas souffert, me détacher ainsi de mon corps est une souffrance ?

Laisser mes projets en suspens, ma famille,

mon monde… Tout ça en 30 secondes.

J'ai vu le camion venir vers nous, puis j'ai volé dans l'obscurité du monde, ce qui m'a privée de sa présence.

Le monsieur du camion, Miguel, apparemment, s'est endormi au volant. Le camion était immatriculé en Espagne. Je le vois de là-haut, en larmes disant : « Je ne me suis pas rendu compte que j'avais fermé les yeux. » Merde alors. Pourquoi tu ne t'es pas arrêté dans un parking pour dormir ? Pourquoi a-t-il fallu que je meure aussi tôt ? J'avais plein de projets, j'étais pleine de vie. Pourquoi a-t-il fallu que mon pauvre copain soit aujourd'hui sur un fauteuil roulant ? Complètement paralysé des pieds. Surtout, pourquoi a-t-il fallu que ma sœur, ma tendre jumelle, soit aujourd'hui traumatisée de la vie ?

J'ai du mal à la reconnaître aujourd'hui : avant toute cette tragédie, ma sœur était toujours souriante et vivait la vie avec goût. Elle adorait faire du shopping, cuisiner de la bonne bouffe, danser le zouk. Elle était très amusante.

Aujourd'hui, sa joie de vivre s'est éteinte, et comme elle dit souvent : « Je vis comme un clown aujourd'hui, j'ai toujours un faux sourire. Il n'y a plus moyen pour moi de sourire, la seule chose qui me reste à faire, c'est de faire semblant. C'est le seul moyen que j'ai pour ne plus voir mes parents pleurer, ils en ont déjà perdu une, je ne veux pas les voir mourir à leur tour s'ils se rendent compte que je suis détruite par le chagrin. »

Sept ans après ma mort, ma mère continue à s'habiller en noir, mon père sombre dans l'alcool, et ma sœur est tout juste l'ombre d'elle-même.

Et mon petit frère, le pauvre, attend

toujours devant la porte en espérant que je

rentrerai pour le dîner.

Dieu, je sais que c'est vous qui décidez, je sais

que c'est grâce à vous que je suis venue au

monde, je sais que vous êtes l'unique créateur

du ciel et de la terre, mais pourquoi moi ? Regarde

la tristesse que je laisse ou plutôt le

malheur infini de ma famille. Comment pourrai-

je quitter la terre si l'avenir de ma famille

est réduit en miettes ?

Mes parents, mon frère ont tous le cœur brisé,

juste parce que ce monsieur s'est endormi au

volant.

« Il fallait juste dormir, te reposer quelques

heures dans un parking, Miguel. » Ni lui ni

nous n'avions bu, apparemment, c'était le destin.

C'est le seul moyen que je trouve pour me

consoler, dire que c'était le destin.

Au fond de moi, je suis certaine que ce n'était

pas mon heure parce que les gens sont très irresponsables

au volant. Ces dernières années,

selon les chiffres, 88 personnes meurent en

moyenne chaque année à cause de la distraction

au volant. Manger, boire, téléphoner, texter

et la fatigue sont en cause. Mais pour moi,

la première cause d'accident sur autoroute est

de très loin l'endormissement.

Je suis morte, lui est en prison et mon copain

est dans un fauteuil.

Vu que je suis morte dans un accident stupide,

je voudrais dire à tous les jeunes qui me lisent

en ce moment qu'aucun appel ou texto ne peut

être plus important que leur propre vie, que

celle de leurs proches et que celle des autres

conducteurs. Téléphoner en conduisant multiplie par 3 les risques d'accident.

Faites attention, s'il vous plaît, soyez responsable au volant, pour vous, pour votre famille, et pour les autres.

Je crois aussi que les parents ont également un autre rôle important à jouer, celui d'expliquer les règles, mais aussi les dangers de la route aux enfants. Cela les aidera à anticiper les situations à risque. Dommage que l'immaturité ne soit pas encore sanctionnée par le Code de la route, parce que la plupart des gens qui provoquent des accidents sont tout simplement immatures.

À propos de mon copain, il est mort trois mois après ma mort, il s'est suicidé. Il ne voulait pas accepter sa nouvelle vie ni le fait de se retrouver dans un fauteuil, paralysé, lui qui aimait tant le sport. Le basket était toute sa vie.

Vous imaginez ! Un instant de sommeil ! Miguel

a tout juste fermé les yeux un instant, et

trois vies ont été perdues, sans compter les

autres vies plongées dans la douleur. Sa famille,

ma famille et la famille de mon copain.

Des vies perdues.

Au fond, le docteur avait raison, en disant que

je n'avais rien senti, j'avoue que je ne comprenais

rien, je me suis retrouvée dans un univers

inconnu.

L'accident s'est produit à 21 h 11 après le restaurant

chinois.

Voilà, j'ai perdu ma vie ainsi. Et maintenant,

qui va aider ma sœur à faire son deuil ? Comment

pourrai-je quitter définitivement la

terre, si elle continue à me réclamer ? Mon

guide me dit qu'il est temps de partir.

J'aimerais en quelque sorte dire aux lecteurs qui me lisent en ce moment et qui me liront peut-être plus tard que la vie vaut vraiment la peine de la vivre... Malgré toutes ces difficultés que nous rencontrons. À propos, qu'est-ce que vous pensez des échecs ?

Tout le monde au cours de sa vie rencontre des échecs, des difficultés... parfois, certaines personnes plus que d'autres. Pourquoi a-t-on l'impression que d'autres personnes supportent mieux les difficultés de la vie que nous ?

Que d'autres sont prêtes à tourner le dos aux échecs, et à aller de l'avant ?

Mais je prie tous ceux qui vivent des échecs dans leur vie de ne pas être abattus, de penser positivement, de ne jamais être pessimistes.

Au fond, on dit que l'espoir donne la confiance nécessaire pour réussir à atteindre ses objectifs.

Pour avoir confiance dans l'atteinte de vos

objectifs, pensez seulement à une phrase : je

ne suis pas venue sur terre, ou dans le monde

pour accompagner les autres, mais pour vivre.

Dans tous les cas, il est indispensable de ne

pas se fixer trop d'objectifs au même moment

et de veiller à ne pas trop se donner des objectifs

qu'on ne pourra jamais atteindre. Ne pas

trop rêver, et avoir des pieds sur terre.

On dit souvent vouloir, c'est pouvoir. Une fois

que nous avons des objectifs importants à réaliser,

il faut avoir une force de volonté, de l'envie,

et de la détermination.

Parfois, vous sentez-vous triste ?

C'est normal, être triste fait partie de la dimension

humaine. Mais la vérité est qu'une

tristesse constante ne peut que faire mal.

Je parle plus aux jeunes de mon âge. Entre 15

et 21 ans, beaucoup de choses changent en nous, le physique, et surtout les façons de voir les choses. Des amours qui vont et viennent et, souvent, qui nous brisent le cœur. Nous avons parfois l'impression que le monde est contre nous. C'est normal de se sentir un peu triste. C'est la même tristesse que vit ma sœur… Les tracas de la vie et surtout le deuil.

Mais ce que je voudrais que vous sachiez, c'est de ne jamais accepter que votre tristesse soit permanente.

Que faire pour se sentir mieux ? Ne restez pas isolé dans votre état de tristesse. La sociabilité est un trait de l'être humain qu'il faut cultiver. Ne restez pas seul même si vous en ressentez le besoin, car ce n'est jamais la solution. Parlez à quelqu'un en qui vous avez confiance, comme un ami, ou un membre de votre famille.

Ces derniers pourraient vous aider à comprendre ce dont vous souffrez et vous aider à trouver la solution.

Écrivez votre état d'esprit dans un journal. Si vous écrivez ce qui vous arrive, vous pouvez avoir une image claire de ce qui vous arrive, en identifiant la cause de votre tristesse.

Apprenez à vous battre, et surtout à avoir confiance en vous. Je sais que la confiance en soi est très difficile à acquérir surtout quand vous vous dévalorisez ou quand rien ne va dans votre vie. Mais c'est la seule chose que vous pouvez travailler seul, et c'est la seule chose qui vous sortira de toute sorte de problèmes.

Ayez confiance… N'attendez pas que la terre entière croie en vous pour pouvoir croire en vous. Nous avons tous la capacité de réussir notre vie… Vous avez l'intelligence pour ça, récupérez votre confiance et foncez. Réalisez

vos rêves, donnez-vous-en les moyens ! Qui ne

tente rien n'a rien. Ne doutez jamais de votre

capacité, de votre personne.

Le manque de confiance en vous risque de

vous pousser à être spectateur de votre

propre vie. Est-ce ce que vous voulez ? La confiance

en soi se travaille tous les jours. Ne

vous concentrez pas sur votre défaut, mais sur

vos qualités…

La chose primordiale que j'ai comprise de la

vie, c'est de ne pas vivre pour les autres. Vivez

pour vous, pour votre bonheur. Les gens critiqueront

toujours, peu importe ce que vous

faites. Malheureusement, c'est la vie. Posez vous

juste les bonnes questions. « Est-ce que

je vis pour ces gens ou pour moi ? » Ne vivez

pas pour ces gens qui croient que vos rêves

sont impossibles : concentrez-vous sur vos

projets et réalisez-les.

S'intéresser aux affaires des autres est une habitude

inhérente à la nature humaine. Nous

l'avons tous fait au moins une fois : connaître

les détails de la vie des autres et donner un

avis est un moyen très efficace de mieux nous

comprendre par la confrontation avec les

autres et, dans ce sens, ce n'est pas une habitude

néfaste. Je sais que ce n'est pas toujours

le cas : si la malice et la méchanceté interviennent,

l'intérêt normal devient un moyen d'exprimer

des jugements superficiels qui influent

sur la liberté des autres.

Si certaines personnes ont le don de ne pas se

soucier de ce que les autres pensent, ce n'est

pas le cas pour beaucoup : les opinions et les

jugements des « personnes » finissent souvent

par piloter des choix de vie, au point d'être

plus forts que les inclinations personnelles. Le

seul antidote ? Réaliser qu'il y a certaines

choses auxquelles nous devons répondre uniquement

par nous-mêmes et pour personne

d'autre.

C'est ce que j'aimerais que ma sœur comprenne,

que malheureusement le monde n'est

pas parfait. Elle s'inquiète souvent aussi de ce

que les gens peuvent penser d'elle.

Vivez vraiment pour vous, moi je ne suis plus

en vie, mais j'aurais voulu vivre encore longtemps

et réaliser mes rêves. Vous êtes en vie

et c'est déjà un miracle, donc vivez.

Si vos rêves, vos objectifs ou vos désirs ne

coïncident pas avec ceux que « les autres »

pensent être justes pour vous, il n'y a absolument

rien de mal à cela. Si vous respectez les

choix des autres, les autres doivent faire de

même.

Si parfois vous vous sentez un peu trop angoissé,

et fatigué du monde qui vous entoure,

trouvez du temps pour vous, parfois être seul

quelques jours fait du bien, pour retrouver la

paix intérieure.

Les autres voudraient toujours que vous soyez

sociable et souriant, mais la vie n'est pas toujours

ainsi. Le temps est à vous, et personne

ne devrait vous dire comment l'utiliser. Faites

toujours des choix selon ce que vous désirez

vraiment. Je sais que c'est dur parfois, parce

que vous avez peur du jugement des autres.

Choisir de faire un travail plutôt qu'un autre,

abandonner une route confortable pour une

route plus difficile... Ce sont des choix que les

autres ne comprendront pas et sur lesquels ils

demanderont des explications. Mais ces choix, si vous y réfléchissez, déterminent qui vous êtes et vous confèrent votre particularité.

Tout le monde a le pouvoir de choisir et de poursuivre ce qu'il aime, et vous aussi. Nier vos choix signifie nier tout ce qui vous rend unique. *Gardez* toujours à l'esprit que parfois votre bonheur peut devenir un malheur pour une autre personne. Malheureusement, certaines personnes n'aiment pas voir les autres êtres heureux. Faites attention : ne vous confiez pas à n'importe qui. Il y a ceux qui ressentent même le bonheur des autres comme une véritable souffrance, réagissant avec colère et mauvaise humeur, presque comme si cette joie devait être exclue parce qu'elle avait été volée.

Donc pour ceux qui croient que le bonheur

des autres leur appartient, vous faites erreur.

Se mettre en colère contre ceux qui sont heureux

ou désirer leur ruine, ce n'est en aucun

cas la solution. Toutes ces réactions négatives

ne font qu'alimenter votre propre condition

de malheur, attirant davantage d'insatisfaction.

Le seul moyen de sortir du tunnel est de se

retrousser les manches et de tenter de changer

ce qui ne va pas avec votre existence. L'astuce

consiste précisément à ne plus vivre les

victoires des autres comme leurs propres défaites,

en accordant moins d'intérêt à l'extérieur

et plus d'attention à leur propre chemin.

Le bonheur ne tardera pas à venir !

Je demande à mon guide ce que ma sœur va

devenir quand nous serons enfin au ciel.

Votre sœur a un ange gardien qui prend soin

d'elle… C'est normal la tristesse qu'elle vit.

Parfois, le deuil est compliqué. La perte d'un

être cher fait partie des épreuves les plus difficiles

de la vie. En même temps, c'est une expérience

universelle qui n'épargne pratiquement

personne.

Plus nous sommes attachés à quelqu'un, plus

le deuil est intense et long.

Ta sœur va réussir sa vie, et elle sera de nouveau

heureuse.

Voilà, c'est l'heure de m'en aller et de laisser

les anges prendre soin de ma sœur. Je sais

qu'elle va s'en sortir.

Chaque personne a sa façon d'affronter la douleur.

Certaines personnes mettent du temps,

d'autres parviennent très vite à passer à autre

chose. Chacun prend le temps qui lui est

nécessaire, l'important c'est d'arriver à sourire

à la vie et de vivre aussi pour nos êtres

chers qui sont partis parfois trop tôt.

Rappelez-vous juste que vous êtes en vie, pour vivre, et soyez le changement que vous voulez voir dans ce monde.

« L'obscurité ne peut pas chasser l'obscurité ; seule la lumière le peut.

La haine ne peut pas chasser la haine ; seul l'amour le peut. »

Martin Luther-King

3- Où suis-je ?

Je tiens la main de ma sœur pour la dernière
fois. Bizarrement, elle tourne la tête en
regardant sa main. Je sais qu'elle a ressenti ma
présence. Je savais que c'était la dernière fois
que je voyais de nouveau ce visage qui me
ressemble tant.

« Au revoir, Thelma. »

Je prends la main de l'ange et par magie je me
retrouve dans une pièce très blanche, même
trop blanche à mon goût. Je crois que sur terre
cette couleur n'existe pas, tellement elle est
blanche. J'ai du mal à distinguer les choses. La
chose qui me frappe beaucoup dans cette salle,
c'est que je suis incapable de dire quelle
couleur de peau nous avions.

Nous sommes très nombreux, en train de faire

la queue, j'imagine que nous sommes tous décédés.

— Où allons-nous ?

— Prendre la couleur des ailes.

Je souris en le regardant, en espérant qu'il sourie aussi en me disant que c'est une blague. Mais non, il ne sourit pas.

— Vous êtes sérieux ?

— Bien sûr.

— Je suppose que les ailes sont pour moi ?

— Bien sûr.

— Et que dois-je faire avec ?

— Voler.

Je le regarde en espérant que cette fois-ci, il plaisante. Le gars est sérieux, je fais la queue pour recevoir des ailes.

« O.K., Abigaëlle, c'est normal, tu es morte et tu vas recevoir des ailes. »

En fait, je n'ai pas trop le temps de réaliser tout

ce qui se passe. Je ne contrôle plus le temps. Ma

sœur a vieilli de 8 ans, et moi je suis encore

pareille, avec mes 18 ans. Mais pourquoi j'ai

l'impression de n'être morte qu'hier ? En tout

cas, ça, je ne le savais pas : quand on meurt, on

ne vieillit plus… Sur terre, les années passent,

mais au ciel, rien : pas de jours, pas de

semaines, pas d'années.

Et qui me dit que je suis au ciel ? Je suis peut-être

en train de faire la queue pour voir où ils

vont m'envoyer. Au paradis ou en enfer…

je ne crois pas que j'irai en enfer, enfin, je

l'espère.

Bizarrement, je n'arrive pas à distinguer la

couleur de la peau des autres.

Même ma couleur d'ailleurs, impossible de dire

à quoi ça ressemble. Je ne suis pas blanche, ni

noire, ni chinoise, ni indienne, ni rien. C'est

quoi ce délire ? Où suis-je ?

— J'ai quelle couleur de peau ?

J'interroge l'ange.

— Vous avez la couleur neutre.

Je rigole de nouveau, pendant longtemps.

Mais lui, rien, même pas un sourire.

— C'est quelle couleur ?

— Ce n'est pas une couleur, Abigaëlle, ici il n'y

a pas de couleur, devant le père nous avons

tous la même couleur, appelée neutre.

— Quel père ?

— Vous saurez avec le temps.

Je regarde tout autour de moi, pour voir s'il n'y

a pas une porte pour m'enfuir, parce que je

commence vraiment à avoir peur. Ce lieu n'a

pas de porte ni de fenêtres. Ce n'est pas ce que

j'imaginais du paradis. Je devrais ne voir que

des fleurs tout autour, des lacs qui brillent de mille feux, des arcs-en-ciel. De toute façon, avec toute cette blancheur, je ne vois rien, que des gens dont je ne peux même pas distinguer la couleur de peau.

Je sais à quoi vous pensez, voulez-vous vraiment savoir pourquoi je suis obsédée par la couleur de peau ? Notre société actuelle est généralement focalisée sur ça. Il y a des noirs et des blancs. C'est tellement ridicule et préhistorique. Voilà pourquoi je dis souvent que l'homme n'est pas près de changer.

Pourquoi la couleur de la peau est-elle si importante ? Pourquoi détester l'autre juste pour sa couleur de peau ? En tout cas, pour moi, vive la diversité.

Vous savez quand j'avais 16 ans, j'ai vraiment eu du mal à vivre avec deux cultures. Vous ne vous rendez pas compte du degré de difficulté. À l'extérieur de chez toi, tu vis une culture différente de ce que tu trouves à la maison. Du coup, on se perd un peu. Tu veux montrer à tous tes amis que tu n'es pas différente. Mais la vérité est une seule, on ne camoufle pas ses origines. Tu peux tout faire, même changer de peau comme l'a fait Michael Jackson, mais aux yeux du monde, il reste un noir.

C'est le même principe quand tu as grandi en Europe. Tu peux tout faire, même être un Premier ministre, avoir une villa avec piscine, ou avoir la nationalité de ce pays. En te regardant dans le miroir, tu verras toujours la femme ou l'homme africains. Si tu es une Bantoue et tu resteras à jamais une Bantoue, mais au même moment tu es aussi une Européenne parce que tu as grandi et vécu en

Europe. Pendant mon adolescence, j'ai vraiment eu du mal à m'adapter à deux cultures aussi différentes.

Alors, sois fière de tes origines, peu importe ce que la société t'impose.

La couleur de peau reste toujours un tabou pour moi. Je ne comprends pas pourquoi certaines personnes trouvent que c'est un problème. C'est juste une couleur de peau, mon frère, ça ne tue pas et si tu veux vraiment le savoir, ce n'est pas contagieux. Crois-moi, sur parole, ce n'est pas une maladie.

Et si nos couleurs de peau à tous n'étaient qu'une illusion ? Si à la fin nous avions tous la même couleur ?

Vous seriez choqué d'apprendre que nous sommes tous pareils, et qu'être raciste n'est qu'une débilité créée par un homme et nous autres, comme des moutons, l'avons suivi ?

Ça t'apporte quoi de détester ton semblable ?

Et après tu es le premier à entrer dans une église ou dans une mosquée. Pourquoi vas-tu prier, pour te moquer de celui qui a créé l'homme avec une peau différente de la tienne ?

Alors, mon frère, arrête de prier et continue à être un débile raciste qui déteste la diversité.

Mais en retour, crois-moi, tu ne vas rien récolter. Ce n'est pas grâce à ton racisme que tu vas devenir l'homme le plus intelligent du monde.

À ceux qui ne comprennent pas pourquoi nous n'avons pas tous la même couleur de peau, je vous explique ça, en 2 lignes en espérant que finalement vous serez moins ignorants.

La couleur de la peau, par exemple, s'explique par une cause simple et unique : la présence d'un pigment, la mélanine, dans les cellules de l'épiderme. Dans les populations humaines, la gradation du teint varie en fonction de la latitude. Plus on va vers les pôles, plus le teint s'éclaircit en raison d'une moindre concentration de rayons UV. C'est la raison pour laquelle non seulement les populations d'Afrique subsaharienne, mais aussi d'Inde du Sud, ou les Aborigènes d'Australie ont la peau noire. Ces populations ne sont pas proches génétiquement : la couleur de leur peau, foncée, n'a évidemment rien à voir avec leur intelligence ou leur caractère.

Donc, toi qui es raciste, pose tes pieds sur terre, et sois moins ignorant.

Ce qui me gêne aussi en 2019, c'est que l'immigration dérange… Pourquoi est-elle si gênante ? Aux personnes incapables de voir la réalité en face, je rappelle que l'immigration

n'est pas récente, ça toujours existé. Il y a eu

l'immigration des Européens vers l'Amérique,

les principales raisons ayant été la pauvreté,

les crises économiques, les persécutions

politiques ou même religieuses.

C'est exactement ce qui se passe en ce moment.

La crise économique et les persécutions

politiques, et surtout religieuses, poussent

beaucoup de personnes à quitter leur pays

pour l'Europe au risque de leur vie.

Ayez un peu d'humanité, arrêtez un peu de

juger quand vous ne savez pas. Savez-vous ce

qui signifie de n'avoir rien d'autre à manger

qu'un bout de pain pendant 24 h ? Savez-vous

ce qui signifie de voir sa propre mère violée

devant sa famille, alors que vous avez un fusil

pointé sur la tête ? Imaginez une femme avec

ses règles sans avoir le nécessaire pour rester propre et surtout ne pas pouvoir se laver ? Est10 ce que seulement vous vous êtes mis un instant à la place de ces gens qui cherchent à survivre ??? Est-ce que vous savez qu'il y a encore des êtres humains vendus aux enchères en 2019 ? On a tous vu certaines vidéos défiler sur le Web, où les êtres humains sont frappés et vendus aux enchères comme des animaux. Je ne parle pas de ce qui s'est passé il y a plusieurs années avec la traite négrière, attention, je parle de l'esclavage actuel. Disons plus modernisé.

Pour vous dire, l'esclavage existe encore. Comment peut-on être idiot et méchant à ce point ? Détester son semblable et être même capable de vendre un humain. Dites-moi combien vaut un être humain. Est-ce que le prix est basé sur son poids ? Ou sa couleur de peau, ou ses origines ? Franchement là, nous allons vraiment vers la fin de l'humanité. Il y a quelque chose qui cloche derrière tout ça ! Parce que je n'arrive pas à comprendre.

4- Le prix d'un homme

C'est quoi exactement votre souci en vendant
des êtres humains ? Que se passe-t-il dans vos
cerveaux ? C'est quand même absurde.

J'ai moi-même vu des êtres humains avec la
peau noire vendue en Libye. J'ai été choquée,
les larmes ont pris possession de mon visage.

J'avais l'impression de rêver. Dites-moi que ce
n'est pas vraiment arrivé.

Malheureusement, si, en Libye, il y a encore des
esclaves vendus aux enchères.

Le calvaire des migrants ne s'arrête pas à la
faim et à la soif dans le désert, ni même au
risque de noyade, comme le croient beaucoup
de candidats au départ.

Apparemment, sur leur route de la migration
entre le Niger et la Libye, les migrants

subsahariens sont pour la plupart victimes de passeurs sans scrupules qui les livrent par la suite à des acheteurs libyens. Plusieurs milliers de migrants sont vendus et achetés par des Libyens. Ou parfois ils les séquestrent et ensuite les libèrent après avoir convaincu, sous la torture, leur famille de verser une rançon, dont le montant varie de 300 000 francs à 600 000 francs CFA. Voilà le prix d'un être humain : moins de 1 000 euros.

Je suis encore choquée aujourd'hui.

Les femmes migrantes sont victimes de viols et contraintes aux travaux domestiques de leur soi-disant patron, quand elles ne sont pas réduites en esclaves sexuelles.

Des enfants, filles ou garçons, âgés de 1 à 9 ans, sont vendus pour 150 euros et les adolescentes valent, elles, environ 110 euros.

Franchement quel est ce degré de méchanceté ?

Malheureusement, il n'y a pas qu'en Libye. Près de 36 millions de personnes sont victimes d'esclavage dans le monde. L'esclavage moderne est présent dans 167 pays. Il s'agit selon les pays, d'exploitation sexuelle, de travail forcé, de servitude pour dette ou de mariage forcé ou arrangé. 35 millions de personnes ont été réduites en esclavage, en 2013, et combien aujourd'hui ?

L'Afrique et l'Asie rassemblent une grande partie des pays où les esclaves sont les plus nombreux. En 2016, 45 millions de personnes, dans le monde, étaient victimes d'esclavage moderne. L'étude montre en outre que les femmes et les filles sont plus durement touchées par l'esclavage moderne, représentant près de 29 millions de personnes.

Les femmes représentaient 99 % des victimes

de travail forcé dans l'industrie du sexe et 84 %

des victimes de mariages forcés. Et ce fléau

n'épargne pas les enfants, qui représentent un

quart des victimes d'esclavage.

Parlons aussi de ces personnes qui ne

supportent pas l'immigration.

Mais attendez un instant.

Pourquoi ne vous plaignez-vous pas quand

l'Occident dévalise l'Afrique ? Pour ceux qui ne

le savent pas encore, oui, l'Occident pille

l'Afrique en échange de crayons de couleur.

Cela s'appelle un échange équitable, le pétrole

en échange d'un peu de riz.

J'étais même arrivée au point de me demander

si l'humain n'est pas l'espèce la plus cruelle qui

existe sur cette planète. Nous sommes

mauvais, insensés, et ignobles. Nous semblons intelligents, mais nous n'avons rien compris à notre façon de vivre.

Nous sommes la seule espèce dont les bienfaits profitent aux fous, aux faux et aux malins. La cruauté est un terme inventé par l'être humain pour décrire un événement... C'est pourquoi le fait d'avoir conscience de quelque chose, décrit comme tel, fait de nous l'espèce la plus cruelle ! Nous sommes consciemment cruels, non par instinct de survie, mais par simple acte de jouissance...

Vous savez qu'au Yémen la guerre existe encore. Je te parle, à toi qui te prends pour Dieu parce que tu as toutes les commodités dont tu as besoin. Au Yémen, depuis 2014, il y a toujours la guerre. Je ne vais absolument pas

16

parler de politique parce que je ne la

comprends pas et surtout je n'y connais rien.

Ce que je voudrais que vous compreniez, c'est

que la guerre tue surtout des civils. Au Yémen,

il y a des morts tous les jours à cause des

épidémies de choléra, de rougeole qui touchent

particulièrement les enfants.

Dites-moi, je vous en prie, monsieur, « je ne

veux pas d'immigrants ». Ces pauvres gens

méritent-ils de mourir ? Méritent-ils de voir

des cadavres ? Méritent-ils de mourir de faim ?

Ou ces pauvres femmes méritent-elles de voir

mourir un à un leurs enfants par des

bombardements ou pour un bout de pain ?

L'appauvrissement économique et le manque

de nourriture entraînent un important

problème de malnutrition.

Et c'est grave !

5 – Découverte des lieux

Enfin, j'arrive presque à l'hôtel malgré cette queue interminable. Je demande à l'ange ce qu'il va se passer quand nous serons arrivés à l'hôtel.

— Dès que je reçois des ailes, on ira au ciel ?

— …

— Nous sommes déjà au ciel ?

— …

— Ah d'accord, c'est ça le paradis ?

— Pas du tout.

— Alors nous sommes où ?

— Au ciel.

— Mais le ciel, c'est le paradis.

— Le ciel, ce n'est pas le paradis, le paradis c'est après le ciel.

Franchement, je ne sais pas vous, mais j'ai du

mal à comprendre. Sur terre, le paradis c'est au ciel. Si je comprends bien, il y a une autre dimension après le ciel ??

— On en a encore pour combien de temps ?

— Normalement 2 à 3 ans.

— Finalement, je crois vraiment que vous ne savez pas plaisanter.

— Je ne plaisante pas, la route vers l'hôtel dure environ 8 ans.

C'est bon, j'ai eu ma dose, je ne pose plus de questions. Le jour où je vais recevoir mes ailes, j'aurai 90 ans. Le temps passe trop vite ici, mais bizarrement je suis pareille. Toujours le même visage qu'à mes 18 ans.

— Pourquoi je ne prends pas d'âge ?

— Ici personne ne change, vous restez pareil que le jour de votre mort.

— Après ici, nous irons au paradis ??

— Normalement, oui, parce que nous avons déjà traversé 2 ciels.

— Pardon ? Avec qui avez-vous traversé ces 2 ciels ?

— Avec vous, Abigaëlle.

— Sans ailes, j'ai quand même volé ?

— Impossible de voler sans ailes, alors je t'explique, il y a le premier, le deuxième, et le troisième ciel et presque tous les êtres humains peuvent les atteindre. Le premier ciel c'est celui qui est visible a l'œil nu par l'homme, on y voit les nuages. Le deuxième ciel ce sont les constellations, la Lune, le Soleil, les étoiles, etc. Le troisième ciel, c'est ici, où nous nous trouvons. Impossible de le voir à l'oeil nu… ceux qui ont vraiment la foi arrivent à le voir, mais c'est très rare. Après le troisième ciel, il y a le paradis.

— Alors l'enfer c'est après le paradis ? Ou à gauche, ou à droite du paradis ?

— Pourquoi, les humains, êtes-vous tous obsédés par l'enfer ?

— C'est normal, il y a de quoi avoir peur.

— Pourquoi ?

Il sourit.

— C'est la première fois que je vous vois sourire. C'est bon signe, ça veut dire que l'enfer n'existe probablement pas.

— Bien sûr que ça existe. Si le bien existe, le mal aussi.

— Du coup, c'est la même théorie que le yin et le yang ?

— Le quoi ?

— Le yin et le yang.

— Je ne crois pas que le yin et le yang ont à voir avec le bien et le mal. Si on part de cette théorie, cela voudrait dire que dans le bien, il y a un peu de mal et vice versa.

— Et ce n'est pas le cas ?

— Pas du tout. Le yin et le yang ont été créés par des hommes.

— Et le bien et le mal ?

— L'homme a la possibilité de choisir par le libre arbitre, même si cela est un peu complexe à comprendre. Sur terre, l'homme vit entre le bien et le mal. D'un côté, le bien, de l'autre, le mal, au milieu, c'est l'homme. Et c'est à lui de choisir ! L'homme dans sa vie, consciemment ou inconsciemment, se trouve toujours devant des dilemmes où il peut opter pour le bon ou le mauvais chemin. Généralement, ce sont les petits événements quotidiens qui déterminent les voies du destin. Un petit moment peut changer le cours de la vie, pour le bien ou pour le mal. Le bien vient de Dieu, le mal de Satan.

— Satan ? Du coup, il existe vraiment ?

— Il existe vraiment et il s'est mis à détruire le bien. Satan essaiera toujours de tout détruire, tout ce qui est bien. Il a également réussi à tourmenter les hommes.

— Mais il est où Satan ?

— Satan est sur terre. Là où il y a Dieu, il y a l'amour, où il y a Satan, il y a la guerre. Où se trouve la guerre, la famine, l'esclavagisme ?

— Sur terre.

— Voilà, tu as compris l'essentiel. Au moment où tu choisis le mal, tu es conscient de ton choix.

— C'est quoi exactement le but de Satan sur terre ?

— En fait, ce que l'homme ne comprend pas c'est qu'au moment où tu es paralysé par la peur, tu fais entrer le diable dans ta vie. N'aie pas peur, le diable peut être détruit par ta foi envers le Père. Il est présent dans le monde depuis sa rébellion contre Dieu. Ce que tu dois savoir c'est qu'il n'a comme pouvoir que celui que tu lui donnes. La peur est l'émotion la plus forte et la plus ancienne que connaisse l'humanité, du coup il se sert de ça pour te détruire. Libère-toi de tes peurs en te faisant confiance. Son pouvoir, il ne l'exerce que sur les personnes désespérées.

— Alors pourquoi la figure de Satan captive-telle?

— La figure de Satan captive parce qu'elle incarne tout ce que l'homme rêve de posséder : pouvoir, richesse, réussite matérielle… donc travaille dur pour ta réussite, n'attends rien de personne, enlève la peur en toi
et fonce pour ta réussite, parce que tu as cette

capacité en toi de réussir.

Finalement, j'arrive à l'hôtel. Naturellement, je ne vois personne en face de moi, mais je sais qu'il y a deux dames. Voilà, j'ai pris leur sixième sens. Je ne sais pas quoi faire, normalement dans ces conditions tout le monde aurait une peur bleue, mais je suis très sereine. Mon ange me fait signe de me retourner et de tourner le dos à ces deux dames. Je m'exécute aussitôt, j'en ai marre d'être là, je veux en finir. Subitement, une force invisible me met à genoux. La peur a pris possession de mon cœur. Là, franchement, j'ai commencé à flipper. La même force tient très fort mes bras. Impossible de parler ni de me retourner. Mon visage est baissé, je regarde le sol. Je ferme les yeux. Mais c'est quoi ce délire ? Ils veulent me massacrer ?

Une légère douleur se forme dans mes épaules,
je comprends que ce sont mes ailes qui sortent.
Je fais quand même un petit sourire. Je sens les
ailes sortir, petit à petit. La même force me
relève, je me retourne, les dames ne sont plus
là, j'ai juste un miroir en face. Il est temps
d'admirer cette œuvre que j'ai attendue
presque 8 ans.

Au début, tout est flou, je n'arrive pas à voir.
D'un coup, je vois tout rouge au-dessus de ma
tête, finalement quelque chose de coloré se
présente dans cet univers bizarre. J'ai des ailes
rouges…

6 – Les ailes rouges

C'est quoi cette plaisanterie ? Les ailes ne sont

pas censées être blanches ?!

Je regarde mon ange, comme d'habitude, il est

zen, rien ne le choque.

— Pourquoi j'ai des ailes rouges et toi

blanches ?

— Parce que nous avons encore du boulot à

faire.

— Quel genre de boulot ? Et je ne comprends

toujours pas les ailes rouges, désolée, mais

c'est horrible.

— Tu n'es pas prête pour le paradis.

— Je n'irai pas en enfer.

— L'enfer, c'est l'humain qui l'a créé, ça

n'existe pas.

Bon, je suis complètement à la ramasse là, je

suis morte depuis déjà 16 ans, j'ai le même aspect que le jour de ma mort, même pas une ride.

Je fais la queue pendant 8 ans pour recevoir des ailes rouges.

Du coup je suis censée faire quoi avec ces trucs rouges sur moi ?

— Si vous avez les ailes rouges, c'est parce que vous donnez la faute à Dieu de tout le mal du monde : la mort, la famine, les maladies, les guerres, le racisme…

— Bien sûr, vu qu'il a le pouvoir, pourquoi il n'a pas arrêté tout cela ? Pourquoi créer et les faire souffrir ?

L'ange me prend la main.

Soudain, je me retrouve dans une maternité et l'ange me dit :

— Regarde ! ceci est Hitler… Hitler, tout bébé et

tout mignon… Dieu n'a jamais créé un monstre.

C'est en grandissant que chacun de nous décide

dans quel camp, il veut être. Et ce choix

déterminera qui il sera.

Et nous avons fait ce chemin pendant trois ans,

à visiter un à un des monstres de l'histoire, des

assassins qui ont inséminé la moitié de

l'humanité. J'ai parcouru toute l'histoire, de

l'esclavagisme à aujourd'hui. Comme quoi il

fallait que je comprenne toute seule que

l'homme a été créé a l'image de Dieu, il lui a été

donné une conscience. À partir du moment où

nous avons une conscience, nous devons faire

un choix, faire le bien ou le mal.

Rien à voir avec la religion ou la couleur de la

peau… l'homme à lui seul est capable de

distinguer le bien du mal.

Aucun homme n'est né cruel, on le devient.

J'avais tout à coup l'impression de m'être libérée d'un poids.

Alors ma vraie question reste : pourquoi vouloir faire du mal à ton semblable ? Pourquoi vouloir du mal à ton prochain ? C'est tellement idiot de passer son temps à imaginer vouloir faire du mal. Qui a créé le mal ?

Dieu nous a donné le choix de choisir le bien ou le mal, est-ce vraiment un libre arbitre ?

Je m'explique, on dit souvent que Dieu connaît notre avenir, Dieu sait exactement tout sur nous, même sur notre futur. Il nous connaît même avant notre naissance. Alors ma question est la suivante :

s'il connaît chacun de nous, pourquoi a-t-il fait naître ceux qui détruisent le monde avec leur méchanceté ? Quel sens a alors le libre arbitre, quand dans la vision de Dieu tout est déjà accompli ?

Si Dieu connaît le destin de chaque homme, est- il

juste de parler du libre arbitre ? Est-ce que

nous choisissons vraiment nous-mêmes ?

Puisqu'il sait déjà ce que nous allons choisir ?

Est-ce que c'est lui qui a créé Hitler par

exemple ? Du coup, il savait ce que Hitler allait

faire ? Franchement, c'est très compliqué

d'étudier l'histoire du monde et de croire que

Dieu est amour s'il permet les actes de certains

individus.

Je ne veux absolument pas parler de la religion

parce que chacun de nous a le choix de choisir

sa religion… Voilà mon sens du libre arbitre.

À ma connaissance, c'est la faute d'Adam et Ève

et même plutôt de Ève si l'humanité connaît la

souffrance. C'est notre punition parce qu'ils

avaient péché en mangeant le fruit défendu.

Mais est-ce que Dieu était au courant que Adam et Ève allaient manger le fruit défendu ? Vu qu'il savait exactement ce qui allait se passer. Vous savez quand j'étais dans votre monde, un moment donné je ne croyais plus en Dieu. Le monde est tellement devenu sale, et pourri que j'y croyais plus. Guerre, morts, torture, esclavage des êtres humains, maltraitances des enfants, des enfants soldèrent, des enfants dans les hôpitaux, des meurtres, et j'en passe. Alors pourquoi devrais-je croire que Dieu est amour, s'il nous laisse dans ce monde rempli de méchanceté. Pour moi, Dieu n'existait pas. Je croyais beaucoup plus à la théorie de l'évolution et le fait que c'est par hasard que nous nous étions retrouvés ici. Je ne me posais pas trop de questions supplémentaires sur les origines de l'humanité, ce que je croyais était suffisant pour moi.

Ma conscience rejetait toute forme de pensée sur Dieu parce que le monde que je voyais autour n'était pas amour. Alors pourquoi je devais croire que Dieu existe et qu'il a le pouvoir de changer les choses, mais qu'il ne le fait pas ? Du coup s'il ne le fait pas, c'est parce que Dieu est juste issu de l'imagination. C'est ce que je me disais. Nous avons inventé Dieu pour donner un sens à la vie. J'avais une mauvaise image de la religion et des personnes qui la pratiquaient. J'estimais qu'il fallait vraiment être ignorant pour croire que Dieu existait ; c'était des croyances tout ça, fondées sur rien, juste pour donner une justification de la présence de l'être humain sur terre.

Quand tu arrives à ne plus croire en Dieu, tu ne crois pas non plus en la vie.

Je vivais sans vrai but, parce que je me disais
« À quoi ça sert de se casser la tête si à la fin on
meurt ? » Pour moi la vie c'était, on naît et on
passe par les différentes étapes de la vie pour
finalement mourir un jour. Mais malgré tout,
j'avais envie de vivre. Je me disais que quand
même, certains moments de la vie étaient
agréables et j'avais envie de les vivre. Je faisais
un peu comme tout le monde, même si je savais
que certaines choses n'étaient pas très bonnes.
Je me disais qu'après tout, la vie n'a pas de sens.
À partir de ce moment-là, je voulais savoir
comment Dieu pouvait changer ma vie à moi
aussi. J'ai appris qu'il suffisait d'une prière, pas
besoin de grandes cérémonies, juste une prière
à Dieu. J'ai reconnu ma mauvaise nature et mon
péché, j'ai demandé à Dieu de me pardonner
pour cela. Je lui ai demandé d'entrer dans ma

vie.

Je demande à l'Ange :

— si Dieu sait tout d'avance, il devait savoir bien en avance l'heure de ma mort ? Il savait que Miguel allait s'endormir au volant, alors pourquoi n'a-t-il pas arrêté tout ça ? Si Dieu existe, qu'il est bienveillant et tout-puissant, pourquoi n'exerce-t-il pas son pouvoir pour mettre fin à la méchanceté, à la souffrance, et à la mort ?

— Le monde est devenu ainsi à cause du péché. Le monde actuel est juste un avant-goût de la vie sans lui, un monde plein de violence, de morts, de souffrance et de maladies. Et vous devez savoir que Dieu est toujours là, parce que s'il retirait définitivement tout son soutien, la création n'existerait plus.

— Alors pourquoi il nous laisse vivre dans un

univers où tout se désintègre ?

— Beaucoup accusent Dieu de toutes les catastrophes du monde, mais selon toi les souffrances causées par les séismes ou encore toutes les catastrophes naturelles sont aussi créées par Dieu ? Ou par l'homme lui-même ? L'homme a détruit la terre par son égoïsme, par sa recherche du pouvoir.

Tout à coup, je ressens une douleur au dos, je crois que mes ailes ne sont pas bien collées… ça fait mal. J'essaie de les toucher, mais je n'y arrive pas.

Une force invisible me met de nouveau à genoux.

Je ressens un peu de douleur, juste quelques secondes. Je regarde en face et soudain le grand miroir apparaît devant moi.

O.K., j'ai des nouvelles ailes, et je n'ose même

pas vous dire de quelle couleur : elles sont

vertes.

7 – Les ailes vertes

— Désolé, je déteste, c'est quoi cette couleur, je ressemble à un arbre.

Je regarde l'ange :

— C'est quoi, ça ?

— Des ailes vertes.

— Ça, j'ai bien vu. Pourquoi vertes ? En plus, je déteste cette couleur.

— La couleur verte vous rappelle quoi ?

— Chez nous, sur terre, c'est plutôt la couleur de la nature.

— Exactement.

— Pourquoi crois-tu que Dieu a détruit la terre ?

— Je ne pense pas que Dieu a détruit la terre, mais je me demande juste pourquoi il nous laisse la détruire.

— Crois-tu vraiment que l'homme ne sait pas que son comportement détruit la terre ?

— Oui, il le sait !

— Alors pourquoi il continue à la détruire ?

— Parce qu'il a soif de pouvoir au point d'oublier que la terre ne lui appartient pas.

— Voilà, tu as trouvé toute seule la réponse.

— L'homme peut être super intelligent, mais peut aussi être pire qu'un animal.

— Ce que vous, les êtres humains, vous ne comprenez pas c'est que la terre ne sera jamais détruite, c'est plutôt l'humain qui va disparaître. Vous êtes juste de passage sur terre, et la terre restera, parce que la terre peut très bien survivre sans l'homme. Cette belle planète bleue a juste besoin en premier des cyanobactéries. Ce sont des bactéries vivant dans l'eau qui font de la photosynthèse. Un quart de l'oxygène actuel présent dans l'atmosphère vient de ces cyanobactéries. Donc, une partie de l'oxygène que nous respirons provient de l'océan. Et en deuxième, d'eau, parce que grâce à l'eau, il y a la vie sur terre et enfin de lumière.

— Donc la terre ne sera jamais détruite ?

— Jamais

— Et l'homme dans tout ça ?

— Pour l'instant, tout ce que l'homme doit faire, c'est prendre soin de cette immense maison, avant qu'il soit vraiment trop tard. Avec mes ailes vertes, je me balade dans le ciel pour voir à quel point la situation terrestre est préoccupante.

Au retour dans la salle blanche, je me rends compte que pendant que je volais mes ailes ont pris une autre couleur… jaune.

8 – Les ailes jaunes

Je me pose, debout en face de l'ange, je me

rends compte que même mes vêtements ont

changé. J'ai une tunique longue et blanche.

— C'est génial, tunique blanche et ailes jaunes.

C'est quoi encore ce look ?

— Je vois que nous sommes presque prêts.

— Presque prêts ?

— Pour aller enfin au paradis.

— Ah bon ?

— La couleur jaune c'est la couleur de l'espoir

ici. Ça rappelle le soleil.

Ce qui est vrai, je suis rassurée maintenant, je

retrouve ma paix intérieure.

J'ai presque passé toute ma vie en colère,

contre qui… je ne sais pas. Vivre dans le

XXIe siècle n'est pas chose facile, surtout quand

tu grandis avec deux cultures. Les cultures

africaine et européenne.

Je me sens tellement libre en ce moment,

aucune chance d'être jugée sur mon apparence.

Même mon poids ne dérange personne. Plus de

télé, pour me comparer à ces filles qui entrent

dans du 34 . Je me sens vraiment bien.

Sur terre, tout est tellement superficiel,

j'avais parfois l'impression que les médias, au

lieu de parler des choses plus importantes qui

se passent réellement dans le monde, préfèrent

nous mettre dans la tête des bêtises. Vous

savez à force de regarder tout le temps les

mêmes publicités à la télé, en quelque sorte

nous sommes manipulés. Je me rappelle une

publicité bizarre à la télé où une femme qui

pesait naturellement au moins 35 kilos faisait

la publicité d'un fromage – jusque là tout va

bien. Mais la fille était allongée sur le lit sans

vêtements. Alors ma question est : et le fromage dans tout ça ? C'est la pub du fromage ou du corps de la fille ? Ce genre de publicité qui me mettait hors de moi.

Le manque de confiance en soi et d'assurance est très pénible. Voilà mes quelques conseils pour mieux vivre dans ce monde :

- trouvez la confiance et l'assurance nécessaires pour affronter tous les obstacles.

- faites-vous confiance, pour avancer.

- il est impossible d'écarter des obstacles de la vie pour avoir confiance en soi parce que c'est une illusion. Les obstacles et les freins font partie de la vie. Malheureusement, vous en trouverez tout au long de votre chemin.

Acceptez que les difficultés existent et au moment où elles pousseront votre porte, dites vous « Je serai capable de les affronter parce que je suis fort. C'est aussi au travers des difficultés que je vais me construire, quelque chose de moi qui va se révéler à la suite de ces difficultés. »

- surtout, arrêtez de vous victimiser. Je ne le fais pas parce que je sais que je n'en suis pas capable. Vous croyez que cette capacité viendra du ciel, directement en vous ? Ce que nous sommes n'est pas tout fait. On apprend et on se construit tout au long de la vie. Essayez avant de dire : « je n'en suis pas capable ». Vous avez les potentialités de tout faire, et de tout apprendre parce que personne n'est né avec son métier.

La confiance en soi va de pair avec la connaissance de soi.

Au moment où vous aurez confiance en vous, vous connaîtrez vos valeurs et vos capacités.

C'est parfois un parcours long, mais vous pouvez y arriver. Certaines personnes voudraient faire des choses, parfois même dire des choses, mais le manque de confiance les bloque. Impossible que ce garçon puisse sortir avec moi, je suis trop timide, je ne suis pas assez belle pour lui… Tout ce que tu imagines n'est pas réel, c'est juste ton imagination. On se débat avec nous-mêmes par peur d'être rejeté par les autres.

- débarrassez-vous des mauvaises images de vous. Toutes ces images de soi qu'on se crée sont inévitables, mais c'est embêtant quand elles deviennent notre réalité. Par exemple lorsqu'on n'arrive pas à supporter quelqu'un, c'est parce qu'on l'a enfermé dans une mauvaise image, et chaque fois qu'on rencontre cette personne l'image sort et la haine augmente. Pour ne plus détester cette personne, décidez de balayer cette image de lui. C'est la même chose de penser du mal de toi, crois en tes capacités. Si ton cerveau te dit « tu ne peux pas », toi tu dis « je peux ». Parce que c'est toi qui diriges dans ta tête et personne d'autres.

- Osez être vous…

aimez-vous avant de prétendre que les autres vous aiment.

Lorsque nous sommes à l'aise avec nous-mêmes et que nous sommes conscients de nous-mêmes, il est plus facile de ressentir de la compassion pour les autres et de les traiter avec plus d'amour et de gentillesse. Si, au contraire, nous ne sommes pas très conscients de nous-mêmes, il est plus difficile de développer une attitude compatissante envers les autres.

Il y a des conflits qui sont inévitables dans la vie bien qu'on en ait peur, mais à la fin vous y arriverez. Ce n'est pas de la magie, vous avez ça en vous. Premièrement, ayez toujours le courage de transformer le négatif en positif. Parfois, une expérience négative et douloureuse est souvent nécessaire pour nous motiver ou nous inciter à changer.

Vous avez sûrement déjà entendu cette phrase : « La vie est belle parce qu'elle est variée ».

Ne laissez jamais les difficultés de la vie vous perturber. Après tout, personne ne peut échapper aux problèmes. En résumé, souffrez quand vous devez souffrir, soyez heureux, quand il est temps d'être heureux.

Nous changeons, le monde change, les gens

autour de nous changent.

Dans la vie, il y a à la fois souffrance et joie.
L'important c'est de rester fort, afin de ne pas
être influencé par ces vagues qui vont et
viennent. Soyez toujours prêt à faire face aux
défis. Éloignez-vous des voleurs de rêves, ces
gens qui sont là juste pour vous voir rater votre
vie. Notre réussite dans la vie dépend à la fois
de notre engagement et du rôle des personnes
qui croient en nous et peuvent nous soutenir.
Nous n'avons pas vraiment besoin de perdre
du temps avec ceux qui font tout pour nous
mettre dans l'embarras. Ce sont des personnes
qui évitent d'encourager les autres et qui, au
contraire, n'attendent qu'un faux pas de votre
part.

Il faut persévérer, je sais que ce n'est pas
toujours facile la vie, il y a des hauts et des bas.

Choisissez d'être heureux, parce que le bonheur est un choix. Quand je parle du bonheur, je parle du bonheur intérieur. Nous sommes des êtres en recherche constante des compliments.

Nous cherchons constamment quelque chose ou quelqu'un qui puisse rendre notre journée plus heureuse, pour nous sentir vivants. Est-ce réellement le vrai bonheur ? Est-ce que la réalisation de nos désirs et de nos rêves pourra nous satisfaire complètement et nous rendre heureux ?

Trouvez le vrai bonheur, le véritable bonheur, celui qui vous réveille avec le sourire, et mélangez tout ça avec le bonheur extérieur qui est tout simplement l'aspect matériel, vous aurez le cocktail du bonheur. Cela dit, tant que vous n'avez pas encore trouvé la paix intérieure, vous ne connaîtrez jamais le vrai bonheur, celui qui vous procure une joie réelle.

C'est ce que je ressens en ce moment. Je me suis libérée de tous les facteurs extérieurs.

Finalement, je sens vraiment mon cœur battre, même si je suis morte. Qui est vraiment heureux est une personne libre. Qu'y a-t-il de plus beau dans la vie que d'être libre ?

La liberté d'être soi-même et heureux est magique.

Est-ce que vous qui me lisez en ce moment êtes heureux ? Si ce n'est pas le cas, demandez-vous pourquoi.

Prenez un stylo, écrivez 3 choses qui pourraient vous rendre heureux. Après cela, mettez des chiffres de 1 à 3 sur vos phrases. Naturellement le plus important, c'est le numéro 1. Vous as trouvé le numéro 1 ? Alors êtes-vous sûr que c'est cela qui vous rendra complètement heureux ?

Alors la vraie question dans tout ça est « pourquoi cette chose n'est-elle pas encore réalisée ? » Si vous voyez que ce désir n'est pas digne ou n'est vraiment pas possible, alors ne vous attardez pas dessus.

Allez au deuxième, parce que peut-être le deuxième désir Pourrat-il vous guider jusqu'au premier.

Le plus important c'est de trouver une bonne raison qui vous pousse à atteindre justement ce rêve là.

C'est toujours la raison pour laquelle nous agissons, nous nous motivons et nous faisons bouger les choses. Si la raison pour laquelle nous voulons faire quelque chose est assez forte, si la raison est assez puissante, vous trouverez comment le faire.

Nous allons identifier comment le faire.

Mais l'important est de toujours avoir une idée claire de la raison. Ainsi, nous pouvons mieux accepter les défaites et les portes claquées. Ne pas se décourager. Et continuer. Ne vous découragez pas en voyant les résultats du succès des autres. Parce que vous ne savez pas ce qu'il y a derrière. Vous pouvez créer votre chance. Soyez le maître de votre destinée. Le bonheur est un choix, mais le malheur l'est aussi. Nous sommes maîtres de ce choix, à chaque instant de notre vie. La façon dont nous réagissons aux événements détermine le destin que nous allons expérimenter en tant que reflet et résonance de nos actions. Choisir d'être heureux, malgré tout, est un choix qui nous permet de reconnaître en nous la matrice de la vie.

Nous sommes tous des explorateurs de nos

émotions, les pensées positives créent des actions positives. Lorsque nous choisissons d'être heureux, sans raison, nous choisissons de réaliser notre paix intérieure. Aujourd'hui plus que jamais, il est nécessaire de choisir des habitudes heureuses pour comprendre le sens de notre vie. Aucune guerre, aucune violence, aucune stratégie monopolistique ne peut jamais donner de la richesse à ceux qui les commettent au détriment des plus démunis. Chacun de nous a aujourd'hui un pouvoir énorme, comme celui qui se trouve dans une petite graine, à partir de laquelle une plante peut germer et qui deviendra avec le temps un puissant chêne. Le pouvoir de nos pensées va germer dans nos actions. Choisir des pensées heureuses créera des actions heureuses qui créeront des habitudes positives qui contribueront au bien-être du monde. La vraie liberté, c'est être heureux. Le choix de cette liberté nous permettra d'avancer malgré les difficultés, de libérer la force intérieure qui nous permettra de traverser les moments les plus sombres de notre vie, sachant que tout passe.

Choisir d'être heureux, c'est reconnaître la chance que nous avons. Avoir la possibilité de boire au moins l'eau, d'avoir la chance de manger au moins un repas par jour, fait de nous des gens extrêmement chanceux.

Quand vous comprendrez ceci, vous trouverez votre vrai bonheur intérieur. Choisir le bonheur, c'est cesser de se plaindre. Choisir le bonheur, c'est être plus proche de ceux qui nous aiment. Choisir le bonheur, c'est regarder dans le miroir, reconnaître ses erreurs et se donner un sourire. Ceux qui décident d'être heureux choisissent de conquérir le monde avec de simples gestes d'amour.

9 – La réalité

Finalement, un lit… Bon, je vais vous dire la vérité, ce n'est pas vraiment un lit, c'est un nuage en forme de lit. Certaines choses que je vois ici, je n'ose même pas vous dire tant c'est incroyable et inimaginable à mes yeux.

Je demande à l'ange si je peux essayer de me reposer sur cette forme bizarre de lit.

Je refuse d'appeler ça nuage parce que c'est trop pour moi. Vous imaginez la phrase ? Est-ce que je peux dormir dans ce magnifique nuage bleu et blanc qui flotte juste en face de moi ?

— Puis-je m'allonger un instant sur ce lit ?

— Bien sûr.

— Pas que je ne m'amuse pas avec vous, mais juste 5 min pour relaxer mes yeux. J'ai vu trop de choses aujourd'hui.

Je m'allonge. Je ne sais pas combien de temps

est passé, mais j'entends une sonnerie intense,

presque à me rendre sourde. Je saute de peur

et je me fais vraiment mal au bras.

— C'est quoi ce bureau ? Qui a mis ce bureau

ici ?

— Ça toujours été là, Abigaëlle. C'est quoi ton

problème ?

Un instant… C'est la voix de Thelma, je n'ose

même pas me retourner.

— Abigaëlle ?

— Non, non, je ne me retourne pas.

— Pourquoi ?

— C'est Thelma ?

— Mais qu'est-ce qui t'arrive… voilà pourquoi

je ne dors jamais la journée.

Je suis en pleine folie en ce moment, je ne parle

plus. Je vais refermer très fort mes yeux et

après les ouvrir de nouveau parce que là, c'est trop pour moi. Je ferme les yeux, mais bizarrement j'entends toujours Thelma qui murmure quelques mots. J'ouvre les yeux et je me dis qu'elle est morte aussi. Voilà, nous sommes toutes les deux mortes.

— Abigaëlle, arrête de faire semblant, nous avons les billets à acheter. On y va avant que ça ferme.

Non, je ne me retourne pas. Je ne peux pas me retourner, j'ai trop peur.

— Abi ? Mais à quoi tu joues exactement ?

Je me retourne, Thelma est en face de moi. Ma sœur jumelle est juste là, en train de mettre son fond de teint. J'avance vers elle, je lui tiens le visage, caressant sa peau, pour voir si elle est bien réelle.

— Pourquoi tu es marron ? Pourquoi t'as une

couleur de peau ?

— Arrête, Abigaëlle, ce n'est plus rigolo.

— Normalement, ici, nous sommes neutres,

pas de couleur de peau.

— Ici, à la maison, nous sommes noirs ou

marrons, comme tu préfères !

Je regarde le miroir qui est juste en face de moi,

je suis de nouveau marron. Je lui pince le bras,

elle crie.

— Mais ça va pas ? Arrête de dormir la journée,

ça te rend pas service.

Je fais le tour de la chambre, tout est à sa place

et surtout ma sœur est là.

— Abigaëlle, habille-toi, nous serons en retard.

— Je t'aime, Thelma.

Je la prends dans mes bras… je vais plus la

lâcher.

— Lâche-moi, Abigaëlle, nous sommes en retard. Abigaëlle, je ne rigole pas.

— O.K., je te laisse respirer, parce que le souffle est important.

— Mais t'as quoi ? Tu as dû faire un vrai cauchemar.

— Plus que ça, pire que le cauchemar. Je t'aime, ma sœur.

— J'ai compris, je t'aime aussi, Abigaëlle. Habille-toi maintenant, s'il te plaît.

— Je dois d'abord prendre dans mes bras maman, papa, Pierre et tout le monde que je connais.

Je me précipite dans la chambre de mes parents, il n'y a que mon papa sur l'ordinateur. Je le prends dans mes bras.

— Je t'aime, papa.

Il me fixe, je crois qu'il pense que je suis tombée

par la tête. Je vais au salon, je trouve maman qui fait sa manucure, je la prends dans mes bras.

— Je t'aime, maman.

— Quoi ? Abigaëlle, tu m'as mis du vernis partout.

— On s'en fout, maman, je t'aime.

— O.K., je t'aime aussi.

— Et Pierre, maman ?

— À l'école, mais qu'est-ce que tu as ?

— Rien, maman, je vous aime tous.

— Abigaëlle, dit Thelma. Va t'habiller, après l'agence, nous irons voir le film.

— Quel film ?

— *Schindler List*.

— Tout, sauf ça.

— Pourquoi ?

— C'est ce jour-là que je suis morte.

— Arrête de plaisanter sur la mort.

— Je ne plaisante pas. Pas de film, s'il te plaît.

— D'accord.

Je m'habille, on sort et pendant que nous attendons le bus, je raconte un peu ce cauchemar que j'ai vécu. Elle ne fait que rigoler.

— Alors il était comment le paradis ?

— Dans tout ça, j'ai compris que le paradis est sur terre.

— Comment ça ?

— Le paradis est sur terre, quand tu aimes profondément et réellement tes semblables, tu trouves le paradis sur terre.

La joie d'être en communion parfaite avec les hommes, c'est déjà trouver le paradis : pas de haine ni de pleurs. Au moment où tu crois en l'existence de Dieu et que tu portes de l'amour à ton prochain, ton existence prend une autre dimension, tu trouves le paradis. Les êtres que nous sommes devenus sur terre, la richesse de nos expériences, les immenses acquis de nos vies, tout cela se maintiendra avec une capacité d'ouverture nouvelle. Dès que nous partageons avec d'autres des moments d'amour vrai, nous avons un aperçu de l'amour véritable, donc du paradis. L'émerveillement devant un beau paysage, une œuvre d'art, un visage aimé nous donne à vivre, l'espace d'un instant, l'expérience intense d'un absolu. Nous sommes la lumière du monde quand nous découvrons le paradis. Aimons-nous les uns et les autres, c'est ça le paradis.

Je regarde ma sœur, je l'embrasse encore.

Vous savez, la vie est très complexe, alors ne la compliquez plus davantage. Soyez heureux du souffle de vie que vous avez tous les jours. Peu importent votre couleur de peau, votre religion ou encore que vous croyez ou non en Dieu.

Soyez heureux, rejetez la peur, parce que la peur n'est pas de Dieu.

Voilà, c'est la fin de mon histoire.

Dernier conseil :

Profitez de la vie, soyez libre et heureux.

Pour tous ceux qui ont perdu des êtres chers que Dieu vous donne plein de courage pour avancer dans vos vies

Thaive Nkenko

www.ingramcontent.com/pod-product-compliance
Lightning Source LLC
Chambersburg PA
CBHW051348280526
45784CB00007B/2872